LA PROMENADE.

DIALOGVE

ENTRE

TVBERTVS OCELLA,

ET

MARCVS BIBVLVS.

A PARIS,

Chez THOMAS IOLLY, au Palais, dans la peti
te Sale, aux Armes de Hollande & à la Palme.

M. DC. LXII.

Avec Privilege du Roy.

AV LECTEVR.

TOvs les ouvrages de Monſieur de la Mothe le Vayer ſe vendent en la meſme Boutique, ou ſeparez & en petit volume, ou tout enſemble & en vn corps de trois volumes in folio nouvellement imprimez. Les principaux ſont

De l'inſtruction de Monſeigneur le Dauphin.

Des contrarietez d'humeurs des François, & des Eſpagnols.

De la difference de la pieté des François & des Eſpagnols.

Iugement ſur les anciens Hiſtoriens Grecs & Latins.

Conſiderations ſur l'Eloquence Françoiſe.

Diſcours de l'immortalité de l'ame.

Diſcours Sceptique ſur la Muſique.

De la vertu des Payens.

La Geographie, la Rhetorique, la Morale, l'Oeconomique, la Politique, la Lo-

gique, & la Physique du Prince.

Opuscules sur divers sujets, en quatre parties.

De la liberté & de la servitude.

Cinq volumes de petits traittez en forme de lettres sur differentes matieres.

Prose Chagrine, en trois parties, &c.

PRIVILEGE DV ROY.

LOVIS PAR LA GRACE DE DIEV, ROY DE FRANCE ET DE NAVARRE : A nos amez & feaux Conseillers les gens tenans nos Cours de Parlement, Maistres des Requestes ordinaires de nostre Hostel, Baillifs, Seneschaux, Prevosts, leurs Lieutenans, & à tous autres nos Iusticiers & Officiers qu'il appartiendra, Salut. Nostre amé AVGVSTIN COVRBE' Marchand Libraire de nostre bonne Ville de Paris, nous a fait remonstrer qu'il auroit recouuert vn livre intitulé, *La Promenade. Dialogue entre Tubertus Ocella, & Marcus Bibulus*, composé par le Sieur DE LA MOTHE LE VAYER nostre Conseiller ordinaire, lequel il desireroit faire imprimer : mais craignant que quelque Libraire, ou autres envieux de son travail, ne voulussent luy contrefaire, & l'imprimer, tant fur fa copie que fur d'autres ; il nous a tres-humblement fupplié de luy accorder pour ce nos Lettres de permiffion & privilege. A CES CAVSES voulant favorablement traiter l'expofant, nous luy avons permis & permettons d'imprimer ou faire imprimer ledit Livre, en tel volume qu'il jugera bon eftre, durant l'efpace de fept années, à compter du jour qu'il fera achevé d'eftre imprimé pour la premiere fois : Faifant tres-expreffes defenfes à toutes perfonnes, de quelque qualité & condition qu'elles foient, de l'imprimer, vendre, ni diftribuer, fous pretexte de correction & changement de titre, ou autrement, en quelque forte & maniere que ce foit ; mefme d'en apporter, vendre & diftribuer de ceux qui pourroient eftre contrefaits és païs eftrangers, à peine de confifcation des exemplaires contrefaits, de tous dépens, dommages, & interefts, & de quinze cens liures d'amende, applicable à l'Hofpital General de noftre bonne Ville de Paris ; à condition qu'il fera mis deux exemplaires dudit Livre dans noftre Bibliotheque publique, & vn dans noftre Cabinet, & vn en celle de noftre tres-cher & feal Chevalier, Comte de

Gien , Chancelier de France , le Sieur Se-
guier , avant que de les exposer en vente,
à peine de nullité des presentes. Du conte-
nu desquelles nous voulons & vous mandons que vous fassiez joüir dans tous les
lieux de nostre obeïssance ledit Courbé,
ou ceux qui auront droit de luy , sans
souffrir qu'il leur soit donné aucun em-
peschement , & qu'en mettant au commencement ou à la fin dudit Livre vn
Extrait des presentes , elles soient te-
nuës pour bien & deuëment signifiées.
Mandons au premier nostre Huissier ou
Sergent sur ce requis, faire tous exploits
necessaires , sans demander autre per-
mission ; C A R tel est nostre plaisir, nonobstant oppositions ou appellations quel-
conques , & sans prejudice d'icelles, desquelles nous nous reservons la connois-
sance, & à nostre Conseil , nonobstant
Clameur de Haro, Charte Normande,
& autres Lettres à ce contraires. Donne'
à Paris le 17. jour d'Octobre l'an de
grace mil six cens soixante - deux ; Et de
nostre Regne le vingtiéme. Signé, Par
le Roy en son Conseil, Denis.

Et ledit Avgvstin Covrbe'.

cedé & transporté le droit du Privilege cy-
dessus à THOMAS IOLLY, & LOVIS
BILLAINE, *Marchands Libraires*,
suivant l'accord passé entre eux.

Regiftré sur le Livre de la Commu-
nauté fuiuant l'Arrest du Parlement.

Achevé d'imprimer pour la premiere fois,
le dernier Octobre 1662.

Les exemplaires ont esté fournis con-
formément aux claufes du Privilege.

AV LECTEVR.

J'AI veû tant de mauvaises Prefaces à beaucoup de li-vres, que c'est presque par force qu'on me fait prendre la plume pour vous donner vn Avant-propos qui pre-cede cette petite composition. Le Libraire exige cela de moi pour en grossir vn peu son volume : & des person-nes qui me sont de quelque confideration, me prient de mettre ici par écrit ce qu'ils m'ont ouy dire tant à l'égard de l'orthographe, que du ftyle dont je me fuis fervi.

Pour la premiere de ces deux chofes, je vous declarerai franchement qu'elle eft plus de l'Imprimeur que de moi, parce que voyant qu'il deferoit peu à mon manufcrit, & qu'emporté par l'vfage, il emploioit vne infinité de lettres, foit voyelles, foit confones, differentes des miennes, je me fuis laffé de raturer inutilement fes épreu-

ves, & me suis contenté de
luy demander en grace, de
laisser quelques-vnes de mes
orthographes, qui témoignaf-
sent que je ne les estimois pas
moins que les siennes, puisque je ne pouvois pas les luy
faire changer. Cela est cause
que vous pourrez voir beaucoup de mots differemment
orthographiez, tant parce
que je n'ai pas creu me devoir donner plus de pene sur
vne chose que je neglige assez,
que pour vous laisser le chois
de la façon qui vous plaira le
plus, y aiant des raisons sur

cela de part, & d'autre.

En effet toutes les Lan-
gues ont leurs diverfitez en
ceci, auffi bien que la noftre.
Et j'apprens de Sextus Pompeius à l'égard de la Latine,
L. 17. qu'avant Ennius les Romains ne doubloient jamais
les confones dans leurs écri-
tures, ce Poëte aiant efté le
premier qui comme Grec nai
en Calabre prit cette liberté
qu'on fuivit depuis à fon e-
xemple. Apud antiquos,
dit-il, nulla geminabatur
litera in fcribendo: quam
confuetudinem Ennius

mutaſſe fertur, vtpote
Græcus Græco more v-
ſus, quòd illi æquè ſcri-
bentes ac legentes dupli-
cabant mutas. *Adjouſtez
à cela la fantaiſie de quelques
particuliers qui ont trop haï,
ou trop aimé, de certaines
lettres, qu'ils emploioient a-
vec importunité, ou dont ils
s'abſtenoient tout-à-fait dans
leurs compoſitions ; & vous
trouverez moins eſtrange la
varieté qui ſe trouve dans
l'orthographe. La lettre r a
déplu pour eſtre trop rude &
trop canine ; la ſibilation de*

l's *a donné de l'averſion à d'autres; & nous apprenons de Martianus Capella, qu'Appius Claudius deteſtoit la derniere de l'Alphabet qui eſt le z, ſur cette plaiſante conſideration que les dents de celui qui prononce cette conſone reſſemblent à celles d'vn mort, tant le ſon en eſt foible & bas, Quòd dentes mortui, dum exprimitur, imitatur, ou parce que ſa figure & ſon expreſſion ſur le papier a du rapport à la dent d'vn homme mort, ſelon que vous voudrez in-*

terpreter les termes de cet autheur.

Mais il y a bien d'autres
raisons de la differente orthographe, où je ne veus pas
m'arrester, pour remarquer
simplement que les Maistres
Escrivains, & les Composi-
teurs d'Imprimerie y ont
glissé beaucoup d'abus.

Les premiers voiant que
l'i final estoit trop simple, &
mal propre à recevoir l'orne-
ment des parafes ou braveu-
res dont la queuë de l'y est
susceptible, ont emploié l'i
grec pour contenter leurs é-

A iiij

choliers , & pour faire paroiſtre davantage leurs e-
xemples , ſur tout en ces mo-
noſyllabes moi, toi, Roi,
loi , & autres ſemblables,
qui deviennent hors de propos
diſſyllabes par l'y , à cauſe
qu'il eſt impropre aux diph-
thongues , & qu'il ſe doit
touſiours faire ſentir ſeparé-
ment dans la prononciation
s'il ſe rencontre avec d'autres voielles. Ie crois donc a-
vec des perſonnes de fort pro-
fonde ſpeculation ſur cela ,
que l'y ne devroit eſtre mis
qu'aus mots venus du Grec,

pour exprimer l'ypſilon de
cette langue, comme à ceux-
ci Pythagore, Sibylle,
ſyllabe, Ægypte, & au-
tres ſemblables. Il eſt auſſi
neceſſaire aus paroles où l'i
doit eſtre entendu ſeul, comme en Pays pour region,
l'ouye, ennuyeux, &c.
ſelon l'uſage des Eſpagnols en
mayor, arroyo, frayle, &
autres ſemblables, où ils ne
mettent jamais le petit i.
Quand il ſe trouve encore du
peril que l'i paſſaſt pour conſone, il eſt beaucoup mieux
de le changer en y ; car je di-

rai d'vn homme qu'il iure
s'il fait vn ferment, & qu'il
eſt yvre s'il a trop beû : de
meſme écrivant ieux, j'ex-
primerai les ieux de cartes
ou d'autres divertiſſemens ;
mais ſi j'écris yeux , je par-
lerai ſans doute de l'organe
de la veuë.

Quant aus Compoſiteurs
d'Imprimerie , je leur ai fait
avouër ingenument qu'à cauſe de l'emploi frequent de l'i
ils avoient ſouvent recours à
l'y de moindre vſage , quand
la caſſe , ou , comme ils parlent , le caſſetin du premier

estoit vuide ; de sorte que ce n'est pas merveille si nous voions tant de mots qui ont receû l'y sans besoin qu'il en fust , parce que chacun tâche de rendre son écriture la plus conforme qu'il peut aus livres imprimez , où s'est coulée insensiblement à la longue cette mauvaise orthographe. Ils ont abusé de la lettre x de mesme , pour espargner l's dont la cassette estoit trop tost épuisée.

Or quoi-que je sois presque honteux de m'estre tant arresté à ces petites vetilles

& minuties de Grammaire, où l'vsage l'emporte tousiours sur le raisonnement ; si faut-il avoüer qu'elles ne sont pas absolument à negliger, puisque l'orthographe sert à reconnoistre la valeur & la signification des mots, dont Platon espluche dans son Cratyle jusques aus moindres syllabes, auec cette notable sentence, qu'il n'y a que les hommes fort sçavans qui en puissent bien juger. C'est pourquoi Dieu ne mit devant Adam les animaux qu'il venoit de creer, pour

en estre le parain en leur im-
posant des noms qui leur fus-
sent les plus propres, qu'a-
prés l'avoir rempli d'vne
science infuse & necessaire à
vn si important emploi. Cependant si l'orthographe est
de consideration, quand elle
marque l'origine des mots en
conservant ces lettres que les
Grammairiens nomment cha-
racteristiques; il y a d'ailleurs cet inconuenient qu'elles
ne sont connuës que des do-
ctes qui sont en fort petit
nombre, vne infinité d'autres personnes ne pouvant pas

goufter vne telle façon d'é-
crire qui embaraffe, & qui
fait parfois mal prononcer
noftre langue fur tout aus
Eftrangers. Si l'autre forte
d'écriture qui n'emploie que
les lettres qui fe prononcent,
eft plus commode à la multi-
tude, & principalement aus
Eftrangers qui apprennent le
François ; elle eft caufe auffi
qu'en perdant l'origine des
paroles, l'on pert fouvent la
premiere auffi bien que la
meilleure fignification qu'elles ont euë, & qui leur eft
la plus propre. Ainfi l'on peut

conclure qu'il y a sur cela des
inconveniens de tous costez,
où je n'ai nul dessein de m'arrester davantage, me sou-
venant de ce qu'a dit judi-
cieusement Seneque dans vne
Preface de ses Controverses,
Scholastica studia levi-
ter tractata delectant,
contrectata, & propiùs
admota, fastidio sunt.
I'adjouste ce seul mot en faveur de la Grammaire, que
non seulement les lettres doivent estre soigneusement ob-
servées, mais que le moindre
accent peut oster tout le sens

des dictions, & par conse-
quent de toute une periode.
Le Pere Alexandre de Rho-
des remarque dans la Relation de ses voyages, qu'on
ne parle gueres dans la Co-
chinchine qu'en chantant, à
cause que la pluspart des
mots de la langue de ce pays
estant monosyllabes, leur signification varie seulement
par les divers accens, & par
les differens tons de la voix,
donnant le mot dai pour e-
xemple, qui a vingt-trois si-
gnifications diverses, selon
qu'il est accentué & prononcé

tantoſt d'vne façon , tantoſt d'vne autre. N'eſt-il pas vrai qu'vn Allemand ne ſçauroit preſque vous nommer Monſieur , ſans appuyer ſi fort ſur l'r finale , qu'il ſe fait aiſément reconnoiſtre pour é-tranger. Theophraſte fut pris & remarqué pour tel dans Athenes par vne bonne vieil-le , ſur quelque dialecte ou prononciation ſemblable , plû-toſt que ſur ſon trop d'affe-ctation , quòd nimium Atticè loqueretur, comme l'eſcrit Quintilien. L.8.c.1.

Venons au ſecond point

de nostre Preface, qui doit
estre du style ou de la façon
d'escrire dont je me suis serui
dans cette petite composition.
Son dialogisme, à mon avis,
ne sera pas importun, sur
tout à ceux qui sçavent l'e-
stime qu'ont faite du Dialogue toutes les Sectes des Philosophes. Ie parle ainsi, puisque le Peripatetisme mesme,
tout austere qu'il est, l'a receû, & qu'Aristote, aussi
bien que les autres, l'avoit
emploié dans des ouvrages
que nous avons malheureu-
sement perdus. Mais je me

suis assez expliqué ailleurs
sur ce genre d'escriture, qui
ne peut déplaire que quand
il est mal emploié par ceux
qui n'en sçavent pas assez le
bon vsage. Du reste je n'ai
visé ici qu'à estre intelligible,
sans tomber dans de vaines,
longues, & importunes ex-
pressions, que Dieu reprent
dans Sainct Mathieu sous les noms de battologie, & de
polylogie. Ie me suis resolu
d'en vser ainsi, n'ignorant pas
qu'il y a des styles concis qui
ont leur recommandation,
quoi-qu'ils soient fort voi-

c. 6. v. 7.

sins de l'obscurité dont je m'é-
loigne le plus que je puis. Seneque dit de Chrysippe qu'il
n'emploioit pas vne seule parole pour l'oreille , mais tout
pour l'esprit , Rei agendæ
causa loquitur , & verbis
non vltrà quàm ad intel-
lectum satis est , vtitur.
Nous lisons aussi dans Cle-
ment Alexandrin qu'Hip-
parque fut chassé de l'eschole
de Pythagore pour avoir é-
crit trop intelligiblement , &
expliqué trop ouvertement
quelques axiomes ou maxi-
mes de ce Philosophe. Et So-

crate aprés avoir jetté les
yeux fur vn liure d'Hera-
clite , prononça qu'il faloit
eftre bon nageur pour ne fe
pas perdre , ou , n'eftre pas
fuffoqué , dans vn fi vafte
Ocean d'obfcurité. C'eftoit
vn liure de Theologie , au
rapport de Diogenes Laër-
tius , dans lequel Heraclite
avoit affecté d'eftre malaifé-
ment entendu , fi ce n'eftoit
par des hommes fort éclai-
rez , parce qu'il tenoit pour
certain que les autres au lieu
d'en faire eftat , le méprife-
roient. Car ce Philofophe

n'estoit nullement obscur dans ses autres œuvres, si nous en croions Hesychius Illustrius, Dilucidus alioquin & tam perspicuus in scriptis est Heraclitus, vt etiam quamvis tardo homini obvius intellectu sit, & in mentem facilè penetret ; verùm styli brevitas, & gravitas incomparabilis est , *ce sont ses termes traduits. Certes l'eloquence mesme imite parfois Dieu & la Nature, elle cache ses sentimens pour les faire mieux rechercher;* Quando-

que Deus & Natura in-
nocenti & benevolo pue-
rorum ludo delectantur,
qui ideo se abscondunt vt
inveniantur. *Et il se trouve
dans de certains liures des
obscuritez affectées & myste-
rieuses, qui ressemblent à ces
nuës espaisses, dont la noir-
ceur & la profondeur n'em-
pesche pas qu'elles ne soient
les plus fecondes de toutes.
Tant y a que le grand flus
de paroles, cette volubilité de
plume aussi bien que de langue que Nonius Marcellus
nomme* Toluti-loquen-

tiam , & cette expreſſion
diffuſe qui n'eſt aujourd'huy
que trop en vogue , ſont des
choſes fort eſloignées de la façon dont i'ai creû me devoir
expliquer.

Quand j'aurois eu quel-
que deſſein de paroiſtre elo-
quent à la mode , ce n'eſtoit
pas ici le lieu de me monſtrer
tel. Il eſt pourtant vrai que
la faculté oratoire a divers
emplois , & que comme elle
n'a jamais eſté poſſedée toute
entiere par vn ſeul , elle
tient parfois d'aſſez differentes routes pour ſe mani-
feſter:

fester : Magna & varia Sen. in contr. res est eloquentia ; nec ad-huc vlli sic indulsit , vt tota contingeret ; satis felix est qui in aliquam ejus partem est receptus. *Mon opinion est que le style didactique n'est pas exclus de toutes ses graces , & qu'il peut mesme acquerir les deux avantages qui sont donnez aus deux plus grands Ora-teurs de l'antiquité. L'on a dit à la gloire de Ciceron, qu'on ne pouvoit rien ad-jouster à son discours sans luy prejudicier ; & à celle de De-*

mosthene, qu'il estoit impossible de rien oster du sien, qu'on
ne luy fist tort : Ne peut-on
pas conjoindre ces deux mer-
veilles dans le style instru-
ctif ? & celuy qui l'auroit
fait, ce que je m'empescherai
bien de m'attribuer, ne de-
vroit-il pas recevoir vn elo-
ge singulier ? Pour moi j'ar-
reste ma plus haute pretention là dessus, à meriter si
je puis, que mes defauts ne
soient pas insupportables, &
qu'ils paroissent aucunement
couverts par ce que je puis
proferer de plus raisonnable,

sinon comme venant de moi,
du moins par l'organe des Autheurs dont je me sers. L'on
a dit à peu prés la mesme
chose d'vn ancien Rheteur.
Haterius se donnoit de mer-
veilleuses licences en decla-
mant, & qui ne pouvoient
estre excusées ; on ne laissoit
pas pourtant de l'estimer d'ailleurs, *Redimebat tamen* sen.
vitia virtutibus, & plus præf. l.
habebat quod laudares, 4.cōtr.
quàm quod ignosceres,
dit ce grand Iuge de l'eloquence de son tems.

Aprés tout, nous serons

touſiours contraints d'avouër
Sceptiquement, que dans cette faculté Oratoire, auſſi bien
qu'en toute autre, la pluſpart
des choſes y ſont problemati-
ques ; & que ce qu'vn ſiecle
trouve bon, eſt ſouvent im-
prouvé par celuy qui le ſuit.
l'ai remarqué vne infinité de
mots & autant de façons de
parler qui eſtoient en vſage
il y a trente ans, dont l'on
fait difficulté de ſe ſervir au—
jourd'huy. Marc Varron ob—
ſervoit la meſme choſe de ſon
tems, & que Mutius, ni
Brutus, grands amateurs de

l'ancienne locution , ne pu-
rent jamais empescher qu'elle
ne changeast. Il est des paroles , dit-il , comme des hommes , qui perdent bientost
l'agrément de la jeunesse.
Quem puer vidisti for-
mosum, hunc vides de-
formem in senecta. Ve-
tustas pauca non depra-
vat, multa tollit. Mais il
y a bien plus , les termes &
l'expression qui plaist aus vns,
desplaist dans vn mesme moment aus autres ; & vn vers
qui sonne bien à nos oreilles,
offense celles de nos voisins

qui penſent ne s'y connoiſtre
pas moins bien que nous. Ie
parle des vers, parce que la
Poëſie a ſon eloquence auſſi
bien que la Proſe ; cette derniere eſtant encore plus ſu-
jette à ſe corrompre que la
premiere. La raiſon eſt que
les choſes qui ſont les dernieres venuës vieilliſſent natu-
rellement plus tard que les
autres ; & que d'ailleurs ce
qui eſt le plus manié & le
plus emploié, s'uſe, & ſe
corromt ordinairement le premier. Or la Proſe n'eſt pas
ſeulement plus ancienne que

la Poësie, puisque les hommes ont parlé vulgairement devant que de s'astreindre à la mesure des vers; elle est encore plus usitée, se trouvant tousiours cent personnes qui écrivent en prose, contre une qui s'addonne à la poësie. Nous pouvons conclure de tout ceci, que l'art de bien écrire n'est pas moins exposé que les autres à la controverse.

C'est de là que naist la partialité où l'on tombe tous les jours à l'égard des autheurs, que chacun estime

plus ou moins selon ses pre-
ventions d'esprit. La chose
est trop journaliere & trop
commune, pour en rapporter
des exemples ; j'en donnerai
un neanmoins que je tiens
des plus considerables à cause
de l'authorité des parties.
Sainct Ierosme qui ne man-
quoit pas de respect pour
Ep. 50.
& 61. Sainct Paul ; qui nomme par
admiration ses paroles des
foudres divins, dans une
epistre qu'il écrit à Pamma-
chius ; & qui dans une autre l'appelle non seulement
le vase d'élection, mais en-

core la *Trompette de l'Evan-*
gile, *le rugiſſement du Lion*,
la Foudre des Gentils, *&* *le*
fleuve de l'Eloquence Chre-
ſtienne; *ne laiſſe pas de luy*
reprocher des ſolœciſmes
dans la diction, *&* des hyperbates dans la compoſi-
tion, le dit imperitum
ſermone, non tamen
ſcientia, *&* remarque comme cela fut cauſe qu'il s'em-
baraſſa *&* ne ſe pût bien expliquer eſtant aus pieds de
Gamaliel. *Sainct Irenée* re- ^{L.3.c.7.}
connoiſt ces hyperbates de
Sainct Paul, *&* les excuſe

B v

seulement sur l'impetuosité de
l'esprit divin dont il estoit
rempli. *Hyperbatis fre-*
quenter vtitur Aposto-
lus propter velocitatem
sermonum suorum , &
propter impetum qui in
eo spiritus est. Mais Sainct
Augustin s'oppose tellement
là dessus au sentiment de
Sainct Hierosme, qu'il donne
le titre de tres-eloquent à
Sainct Paul, & maintient
que s'il n'a pas suivi tous les
preceptes de l'Eloquence humaine , celle-ci a suivi les
decrets de sa sagesse. Il me

De
doctr.
Chr. l.
4. c. 7.

souvient aussi d'avoir leû dans
Nicetas Choniate, que l'Em-
pereur Andronic Comnene
formoit toutes ses lettres, pour
les rendre eloquentes, sur celles de Sainct Paul ; & j'ai
écrit quelque part la mesme   Ep. 60.
chose des Secretaires d'Estat
du Roi des Abyssins. Certes
quelque distinction qu'on face
sur cela entre l'Eloquence di-
vine & l'humaine, l'on ne
laisse pas de recueillir des ju-
gemens si opposez les uns aus
autres, que de si grands personnages ont faits sur cette
faculté de bien exprimer ses

B vj

penſées , que tout n'y eſt pas moins arbitraire , que dans les autres profeſſions qui ſervent d'objeſt & d'entretien à l'eſprit humain.

Ie finirois par là, s'il ne me tomboit ſous la plume quelques exemples qui peuvent eſtre emploiez à confirmer ce que nous venons d'eſtablir, & qui ſerviront d'illuſtration à ce que nous avons ſouvent maintenu ailleurs. Ie les coucherai ici fort ſommairement, & ſelon Cic. 1. de O- la formule ancienne, quibus rat. ſciam poteroque.

Il y a des perſonnes qui

ne sçauroient endurer la
moindre allusion ou le moindre jeu de paroles , trouvant
qu'il y a je ne sçai quoi de
trop puerile en cela. Sainct
Hierosme neanmoins l'vn
des plus serieux Peres de l'E-
glise , escrivant contre Vigi-
lantius l'appelle Dormitan-
tium , pour luy reprocher
par cette figure qu'il rêvoit en
se trompant fort lourdement.

L'Hyperbole est insuppor-
table à beaucoup de gens.
L'Orateur Aristide pour faire comprendre combien l'armée de Xerxes estoit nom-

breufe & immenfe, prononce dans fon Panathenaique hautement que l'or & l'argent de cette armée faifoit de la nuit le jour; & que quand ce Prince commandoit à fes Archers de tirer leurs fléches, il eftoit affeuré de convertir au rebours le jour en une nuit. Ariftide pourtant n'en eft pas moins eftimé pour cela.

Mais qui pourroit ouïr aujourd'huy fans indignation un exorde femblable à celuy du Panegyrique d'Ifocrate, qui apprit l'art de bien dire à toute la Grece? Son fujet eftoit

la loüange des Atheniens en
les exhortant à la guerre de
Perſe. Il proteſte d'abord qu'il
ne veut pas faire comme d'autres, qui s'excuſent ſur le peu
de tems qu'ils ont eu à ſe pre-
parer, ou ſur la grandeur de
la matiere dont ils deſirent
les entretenir : Mais que
pour luy il ne veut pas qu'on
luy pardonne la moindre choſe, & qu'il conſent à toute
ſorte de reproche, s'il manque
à s'acquiter dignement de ce
qu'il entreprent. Vne ſi in-
ſupportable vanité ne rebut-
teroit-elle pas à preſent tout

le monde ? Et des promesses si hautaines & si ridicules, se-roient-elles jugées propres à s'acquerir la bienveillance a-vec l'attention des Audi-teurs ? Ie sçai bien qu'Iso-crate s'excuse à la fin de cette Oraison d'avoir parlé de la sorte, & de s'estre engagé si avant ; mais ne prendroit-on pas encore cela pour une se-conde erreur , & pour un defaut notable de jugement, d'aimer mieux avoir besoin d'excuse, que de s'exemter de faillir , malle veniam de-precari , quàm culpa ca-rere ?

C'est vne pure fantaisie
d'avoir aversion, comme af-
sez de personnes l'ont, de
quelque figure que ce soit, n'y
aiant que l'excés, ou la mauvaise situation, qui soient
condamnables dans la moins
estimée de toutes. Les abus
mesme sont rectifiez par celle
qu'on nomme Catachrese.

Ne peut-on pas nommer
vne heresie dans la Rhetorique, de croire qu'on doive
tousiours vser de mots propres ? Les metaphoriques ont
parfois meilleure grace, pour-
veu qu'ils ne soient pas ex-

travagans , ou , *pour parler
comme les maiftres , trop ef-
frontez* , Vt fit , quomo-
do Theophrafto placet,
verecunda tranflatio: *Car
je me fouviens que Ciceron,
qui emploie cette authorité de
Theophrafte , reprent Tiron
fon libertin de luy avoir écrit*
valetudini fideliter fer-
viendo. *Ce terme* fideliter, *luy dit-il , n'eft pas en
fa place* , Huic verbo do-
micilium eft proprium
in officio , migrationes
in alienum multæ. *Veri-
tablement j'aurois de la pene*

à souffrir vne censure si de-
licate d'vn autre que de Ciceron , qui devoit estre en
mauvaise humeur , & qui
vouloit se venger , comme je
pense , des corrections que Tiron faisoit souvent dans ses
escrits. I'avoüe pourtant que
la Metaphore doit estre mo-
deste & retenuë , aussi bien
qu'vne fille, pour estre trouvée
belle.

Encore qu'on doive estre
exact au chois des mots pour
éviter le barbarisme , puisque le mesme Ciceron se mo-
qua d'Antoine d'avoir dit

piiſſimus *qui n'eſtoit pas en
vſage*, quod verbum om-
nino nullum in lingua
Latina eſt ; *& que Meſſal-
la emploia depuis cette raille-*

rie contre l'Orateur Latro,
ſua lingua diſertus eſt,
*luy accordant qu'il diſoit de
belles choſes & avec eſprit,
mais que ſon langage n'eſtoit
pas bon,* Ingenium illi con-
ceſſit, ſermonem objecit:
*Si eſt-ce que noſtre principal
ſoin , comme nous l'avons
ſouvent ſouſtenu ailleurs , doit
eſtre de la penſée , afin de n'en
point emploier qui n'ait ſon*

merite d'elle mesme, sans em-
prunter sa recommandation
de la diction. Iacent sensus
in oratione in qua verba
laudantur, selon la belle
maxime de Quintilien ; *&*

Proœm.
l.8.Init.

c'est un grand desavantage à
un livre, quand on ne le louë
que par son style, *&* qu'on
n'en estime principalement
que la diction Les belles jam-
bes avec les riches chausses
d'un boiteux font davantage
paroistre son defaut, *&* les
termes elegans qui n'expliquent qu'une bagatelle, ou
mesme quelque sentence rap-

portée sottement, font remarquer au double l'impertinence
d'vn autheur : *Quo modo
pulchras frustra habet
claudus tibias, sic inde-
cens est in ore stultorum
parabola.* Cependant il est
plus de cette sorte d'Ecrivains,
que d'autres. I'ouïs dire judi-
cieusement il y a peu de jours,
d'vn qui debitoit excellem-
ment ce qu'Horace appelle
nugas canoras, qu'il eust
deu lire davantage, ou escrire
moins. En effet la maladie
d'inanition qu'ont ses semblables, est beaucoup pire que celle

qui vient parfois de trop de re-
pletion. N'attendez pas de
moi que je donne ici des exemples ni du bien ni du mal dont
je parle. J'aurois bien plus
d'inclination à faire reconnoistre ceux qui peuvent servir de
patron du premier, que du se-
cond. Mais puisque Ciceron
& Quintilien se sont abste-
nus de juger des autheurs qui
vivoient encore du tems qu'ils
escrivoient, afin de n'offenser
personne; je pense estre obligé
de les imiter du moins en ceci.
Et parce que l'Ecclesiaste a
prononcé, Stultus verba

multiplicat, je n'adjousterai
rien à cette Preface, plus longue peut-estre qu'elle ne devoit estre, que cette seule pro-
testation ; que si le discours qui
la suit du divertissement d'vne
promenade, avoit je ne dirai
pas la moindre pensée, mais
la moindre syllabe qui meri-
tast correction, je m'y soûmets
aussi bien que tout ce qui est
venu & qui viendra jamais
de moi, avec l'entiere &
respectueuse obeissance qui est
deuë à l'Eglise.

LA
PROMENADE.

DIALOGVE
ENTRE
TVBERTVS OCELLA,
ET
MARCVS BIBVLVS.

TVBER-
TVS
OCEL-
LA. IL me semble, MAR-CVS BIBY-LVS, que vous me reprochez avec vn peu trop d'exaggeration mes

frequentes & solitaires promenades. Si vous y estiez
aussi accoustumé que moi,
& que vous eussiez observé
comme j'ai fait, que rien ne
contribuë tant à conserver le
peu de vigueur qui reste à
ceux de nostre âge, que cet
exercice moderé où les promenades nous engagent;
vous ne declameriez pas contre elles sans doutte avec tant
de vehemence. Ie ne ferai
pas difficulté de passer plus
outre avecque vous, & de
vous declarer que l'aversion
de plusieurs personnes, beaucoup plus grande que n'est la
vostre, contre vn si agreable
& si vtile divertissement,
m'est presque tousiours vn

indice certain d'esprit cha-
grin, plein d'inquietude, &
de fort petit talent. En effet
la Promenade est tellement le
propre des Philosophes, des
personnes sçavantes, & des
esprits bien cultivez, que
ceux à qui elle déplaist gene-
ralement, comme elle fait
aus Turcs, aus Cochinchi-
nois, & aus Sauvages du nouveau monde, qui ne peuvent
souffrir celle des autres, sont
les plus ignorans hommes
de la Terre. Tels devoient
estre ces Espagnols que Stra- L. 3.
Geogr.
bon nomme *Vettones*, qui
nouvellement subiuguez par
les Romains, prirent pour
des fous quelques Centu-
rions, leur voiant faire di-

C ij

ves tours de promenade :
Cùm quoſdam Centuriones vi-
derent deambulandi cauſa
viam huc illuc flectere, opina-
ti inſanire homines, duces ſe
ad tabernacula præbuerunt.
Mais peut-eſtre ne condam-
nez-vous principalement en
cela que ma ſolitude, parce
que vous avez remarqué
comme je me promene aſſez
ſouvent ſans compagnie. Vne
réponſe de civilité vous pourroit ſatisfaire là deſſus, quand
je vous dirois nuëment que je
reſpecte trop les occupations
de mes amis, pour les aller
ſolliciter de prendre vn plaiſir à des heures qui leur ſe-
roient poſſible incommodes,
outre que leur gouſt pourroit

eſtre alors different du mien.
Ie veux neanmoins vous parler plus franchement, & vous
avouër qu'encore qu'il y ait
des compagnies qui me ſont
tres-cheres, il ſe trouve parfois des tems où je me contente de celle de mes penſées, & où mes petites réve-
ries conduites à ma mode, me
fourniſſent vn des plus agrea-
bles divertiſſemens de ma
vie. Quel ennuy au contraire
n'eſprouve-t-on point, quand
on ſe voit reduit aus entre-
tiens fâcheux où vous enga-
ge inevitablement la compagnie de gens impertinens,
qui dépourveus de bon ſens,
ne ſçavent rien faire que fati-
guer les eſprits raiſonnables?

C iij

Certes si les Medecins ne
couchent pas volontiers avec
leurs malades, les ames vn peu
philosophiques doivent avoir
encore plus d'aversion de la
conversation penible & dan-
gereuse de ceux dont nous
parlons. C'est ce qui a de
tout tems porté à la solitude
de fort grands personnages; ce
qui a fait nommer à Theo-
phylacte vn monastere Φρον-
τιστήριον, appellant encore la
vie qui s'y mene σώφρονα μα-
νίαν, *sobriam ac prudentem in-*
saniam; & c'est ce qui fit prendre à Gonthier de Bagnaux
Evesque du Mans sous le regne de Charles cinquiéme,
vn hibou perché à l'entrée
d'vne grotte pour corps de sa

L. I.
Hist. c.
14.

deviſe, animée de cette lettre, *Habitat mens cauta receſ-*
ſus. Car encore que Quinti-   10. In-
lien ſemble obliger ſes diſci-   ſtit. c 3.
ples à trouver ou à ſe faire la
ſolitude par tout, *In turba, iti-*
nere, conviviis etiam, faciat
ſibi cogitatio ipſa ſecretum; &
bien que Seneque priſt vne   Ep.56.
fois plaiſir à ſe retirer dans vn
bain public de Rome, plein
de tumulte, de cris differens,
& de confuſion, afin d'éprou-
ver ſi ſon eſprit auroit aſſez
de force pour n'y recevoir
point de diſtraction, quand il
l'attacheroit à quelque meditation ſerieuſe; ſi eſt-ce qu'-
vne veritable retraitte, & vne
ſolitude effective, comme eſt
celle d'vne promenade parti-
C iiij

culiere , est bien plus propre
à se recueillir en soi-mesme,
& à converser avec son propre genie , qu'vne compagnie
importune & qui cause mille
gesnes à l'esprit.

MARCVS BIBVLVS. Vous
me parlez d'vn air, & avec des
termes , qui me pourroient
faire craindre que ma presen-
ce mesme n'incommodast
vostre promenade. Car quoi-
que je ne vous prenne pas
pour estre aussi bigearre que
Timon , vous ne me traitez
gueres plus favorablement
qu'il fit Apemante. Celuy-ci,
comme vous sçavez , compli-
mentoit cet atrabilaire , sur ce
qu'ils prenoient seuls & avec
plaisir leur repas : Il m'auroit

esté beaucoup plus agreable,
luy repartit Timon, si vous
mesme ne vous y fussiez pas
trouvé. Gardez-vous bien de
verser autant de bile que fit
ce Misanthrope sur vn ami tel
que je suis, ne fust-ce que
pour obeïr au precepte de
voftre Quintilien, *Bonus al-* 6. In-
tercator vitio iracundiæ careat. stit.c.3.
Il me seroit aisé de souftenir
le parti de la compagnie contre vne solitude trop auftere,
& telle qu'il semble que vous
l'eftablissez. Il n'y a rien de
plus contraire qu'elle aus
ames tendres comme la vô-
tre, qui ne font pas profession
d'vne impaffibilité Stoicien-
ne, *Animo paffionibus obfeffo*
nil ocio pejus, nil folitaria li-

C v

bertate damnosius. Et si la rail-
lerie est propre à dissiper les
trop sombres vapeurs de la
melancholie, je ferai souvenir vn homme qui n'a peut-
estre pas estouffé absolument
le beau feu qui l'échauffoit
autrefois, de cet important
precepte d'Ovide,

*Quisquis amas, loca sola no-
cent, loca sola caveto.*

Mais j'aime mieux acquiescer
doucement à vos sentimens,
& je le ferai d'autant plus
volontiers, que dans la verité les miens sont parfaitte-
ment conformes aus vostres,
& à ceux de Seneque quand
il dit, *In ambulationibus apertis
vagandum, vt cœlo libero, &
multo spiritu ; augeat attollát-*

que se animus. Ie ne suis jamais si maistre de mon esprit, & il ne gouste aussi jamais de si solides & innocentes voluptez, que dans vne campagne solitaire, où il n'a que Dieu & les astres pour témoins de ses operations. C'est sans doutte le lieu où il rencontre le plus heureusement celuy qui a dit de luy-mesme, *Ego sum flos campi, & lilium convallium.* Et où le peut-on mieux contempler avec toute la Nature, que dans vn tel desert? si toutes nos considerations, aussi bien que le mot Latin *consyderare,* tirent leur origine de la contemplation des astres, *à contemplatione* [L. 3. & 4.] *syderum ,* comme le veut

C vj

Pompeius Feſtus ? Tant y a
que me meſlant parfois de
communiquer au public ce
qu'vne humeur ſemblable à
la voſtre me fait reſver dans
des ſolitudes champeſtres
comme l'eſt celle-ci, je ne
ſervirai jamais d'exception à
la maxime generale qu'a pro-
noncée Horace,

Scriptorum chorus omnis a-
mat nemus, & fugit vrbes.
Or puiſque nous convenons
pour ce regard, & que la rencontre a voulu que je vous
trouvaſſe ſi heureuſement
pour moi au commencement
de voſtre promenade, conti-
nuons la, je vous ſupplie, &
prenons d'autres ſujets de
converſation que celuy-ci,

où eſtans d'accord nous ne
pourrions combattre que
contre noſtre ombre, & tomber dans ce ridicule duel que
les Grecs ont nommé σκια-
μαχίαν.

TVBERTVS OCELLA. Ie
vous donne le chois de tel
theme qu'il vous plaira de
preſcrire, mais je penſe que
de quelque coſte qu'on puiſſe
jetter les yeux, l'on y trou-
vera ſuffiſamment dequoi
s'entretenir, & que la plus
vile plante que nous foule-
rons aux pieds, ſeroit capa-
ble de nous faire admirer
longtems l'ouvrage d'vne In-
telligence qui ne ſe mécom-
pte jamais, & qui eſt auſſi di-
gne de reſpect aus plus petites

choſes dont elle ſe meſle,
qu'aus plus grandes. Ce n'eſt
pas neanmoins qu'il n'y en ait,
à mon avis, de bien plus con-
ſiderables les vnes que les autres ; & je ne voudrois pas
ſouſtenir aprés Sainct Augu-
ſtin, que la moindre mouche
fuſt preferable au Soleil, parce qu'elle exerce des actions
vitales dont celuy-ci nous pa-
paroiſt deſpourueu. Si le plus
petit des inſectes l'emporte
du coſté de la cauſe formelle,
la finale de ce grand Luminai-
re eſt ſi noble & ſi merveil-
leuſe, qu'il n'y a point d'animal, l'homme excepté, ſi
tant eſt que l'homme n'ait
point trop bonne opinion de
ſoi, qui ne luy doive ceder en
dignité.

MARCVS BIBVLVS. Puis-que tous les objets ne font pas dignes d'vne mefme atten-tion, & qu'il s'en trouve qui peuvent arrefter noftre efprit beaucoup plus vtilement, & avec plus de fatisfaction ou d'agrément que ne feroient d'autres ; les chofes commu-nes eftant d'ailleurs moins ca-pables de nous toucher que celles qui font plus rares ; je ne penfe pas vous pouvoir propofer vn entretien qui nous puiffe mieux divertir, que celui de tant de Rela-tions dont vous eftes fi cu-rieux, & qui nous font con-noiftre les effets de la Nature, foit dans le vieil, foit dans le nouveau Monde, fi furpre-

nans , qu'il semble que les
Anciens ne l'eussent connuë
qu'à demi , & qu'elle ne se
soit bien manifestée à nous
que depuis vn siecle. Repas-
sons donc avec plaisir par nô-
tre memoire ce que les nou-
velles découvertes , tant du
costé du Nort que du Sud , &
& de l'vne que de l'autre Inde , nous ont appris avec
estonnement; & remarquons
comme Herodote, Pline, ni
Arrian, Marc Polo, Hayton
Armenien , ni Louïs Cada-
mioste, n'ont pas esté si fabu-
leux qu'on le leur a imputé.
Ie sçai bien qu'il se faut défier
de ce que content souvent
ceux qui viennent de loin.
L'Espagnol dit fort bien, de

luengas vias , luengas menti-
ras. Mais la suspension de vô-
tre epoche jouë ici merveil-
leusement bien son jeu , tenant l'esprit en equilibre entre la trop grande credulité ,
& l'injuste défiance. Car le
defaut n'est pas plus repre-
hensible d'adjouster foi avec
trop de facilité à toute sorte
de Relations , que d'estre
dans vne mescreance generale de tout ce qu'elles contiennent. Et je conçois comme vn axiome certain , que
ceux qui tiennent pour fable
tout ce qui se dit des effets
extraordinaires , & des mer-
veilles de la Nature , nonobstant l'authorité des meil-
leurs Autheurs ; se rendent

enfin eux-mesmes la fable des hommes d'esprit, qui connoissent mieux qu'eux le pouvoir de cette Nature, dont il nous est impossible de penetrer ni de mesurer toute l'estenduë ; *ipsi se fabulam faciunt, dum omnia pro fabulis habent.* Cette Demoniaque, comme l'appelle Aristote en l'admirant, agit avec bien plus d'addresse & de conduite incomprehensible, que l'esprit humain n'en peut concevoir, & que tous nos discours les plus philosophiques n'en sçauroient expliquer ; *longè major naturalium operationum, quàm verborum, imò quàm ingeniorum subtilitas.* Rien n'empéchera donc, si vous l'avez

agreable, que sans courir toutes les fortunes des voyages
de long cours, nous ne con-
templions seurement d'ici, ce
que ceux qui les ont faits ont
observé de plus singulier, *ip-*
sáque adeò naturæ magnalia.
Pour moi, je ne prens pas
moins de plaisir parfois à remarquer dans leurs Itinerai-
res les choses que cette grande Artisane fait comme en se
joüant, qu'à noter avec soin
ses principaux & plus eston-
nans ouvrages. Nous avons
tantost eu à la rencontre vn
homme d'vne telle represen-
tation, que nous en avons ri
tous deux ; & cette pensée
m'a passé agreablement par
l'esprit en le voiant, que la

Nature devoit eſtre en ſes belles & gaies humeurs, quand elle ſe divertit à pro-duire vn ſi ridicule animal. Tant y a qu'enviſageant, comme nous pouvons faire, juſques aus moindres parti-cularitez que nous ont appri-ſes les Relations des pays qui nous ſont inconnus, nous en recueillerons des ſatisfa-ctions auſſi ſenſibles qu'inno-centes, ne fuſt-ce que par cette conſideration que nous traverſerons les mers ſans perdre terre, *è terra naviga-bimus*, ce qui n'eſt pas repre-henſible au ſens que nous le ferons, comme il l'eſt en ce-luy qui a donné lieu à ce pro-verbe.

TVBERTVS OCELLA.

Tout ce que vous proposez
est tousiours si bien pensé,
qu'il faudroit estre extremé-
ment déraisonnable pour s'y
opposer. Ie souscris sur tout
à ce que vous dites du merveilleux pouvoir de la Nature, & de la mediocrité, pour
ne pas dire de la petitesse de
l'esprit humain, dont ceux-là
connoissent mieux la foibles-
se, qui pour l'avoir plus élevé
que les autres, ont mieux re-
connu ses limites & son peu
d'estenduë. En verité, pour
vous en parler à cœur ouvert,
toutes les fois que je me jette
sur cette reflexion, & je le
fais assez souvent, je trouve
que l'homme est vn animal si

defectueux , qu'aussi bien
que noftre commun ami de
la grande Bretagne, i'ai honte
d'eftre ce mefme homme,
c'eft à dire vn animal fi rempli
d'imperfection , & de fotte
vanité tout enfemble. Ie fuis
perfuadé que Socrate avoit
le mefme dégouft, quand il
proteftoit qu'il ne fçavoit pas
bien s'il eftoit homme , ou je
ne fçai quoi de plus mon-
ftrueux que Typhon n'eftoit
alors reprefenté. Et c'eft vrai-
femblablement ce qu'a voulu nous faire concevoir vn Vi-
fionnaire de ce temps , par la
defcription de ce qui luy ar-
riva dans vne Ifle Solaire qu'il
appelle des Oifeaux. Il affeu-
re que toutes les volatiles qui

en font les habitans , luy fi-
rent de fi grands reproches de
ceux de fon efpece , pleins
d'injuftice & de cruauté , fur
tout envers les habitans de
l'air , qu'il eftoit perdu s'il
n'euft defavoüé d'eftre homme , fouftenant qu'il eftoit vn
finge qui luy reffembloit , &
fe fauvant par ce ftratageme.
En effet la prefomption de
l'homme luy fait exercer mille fortes de tyrannie envers
tous les animaux qui ont tres-
grand fujet de fe plaindre , &
peut-eftre de fe moquer de
fon mauvais raifonnement ,
dont il veut pourtant tirer vn
fi grand avantage. Mais à l'é-
gard de ce que vous me con-
viez à nous fouvenir conjoin-

tement des particularitez que nous pouvons avoir obser-vées dans ce genre de livres que les Grecs ont nommez *Odeporiques*, c'est m'inviter à la chose du monde où je suis porté auec le plus d'inclina-tion, *currentem impellis*, puis-que vous n'ignorez pas que j'en ai fait vn des principaux ornemens de ma Sceptique. C'est vn champ neanmoins si spacieux, qu'à mon avis nous ferons bien de nous y prescri-re des bornes ; & puisqu'il nous reste peu de tems com-mode à cette promenade, que la fin du jour nous obli-gera de terminer bien-tost, laissons les considerations physiques, où de tels livres

peuvent

peuvent jetter, à vne autrefois, & contentons-nous pre-
fentement de celles de Morale que je crois les plus im-
portantes de toutes, comme
aiant le plaifir joint à vne plus
grande vtilité. Il faut pour
voftre contentement que je
vous communique fur cela,
l'efperance qu'on me donne
de voir bientoft traduits en
Latin les œuvres de ce re-
nommé Socrate de la Chine
le Docteur Confutius. Ie
l'appelle ainfi, tant parce
qu'auffi bien que ce Prince
des Philofophes Grecs il fit
defcendre la Philofophie du
Ciel en terre, les Chinois
n'aiant guères cultivé, avec
foin devant luy que la feule

D

Aftrologie ; qu'à caufe que
Socrate & Confutius eftoient
contemporains, comme il fe
peut voir dans le Traitté de la
Vertu des Payens. Sans men-
tir nous fommes bien rede-
vables aus travaux des Peres
Iefuites, qui nous ont donné
tant de beaux ouvrages, auffi
bien pour la connoiffance de
l'vn, que pour celle de l'autre Hemifphere. L'Hiftoire
du Pere Iofeph Acofta en ce
qui concerne l'Amerique, &
celle de Maffée touchant
l'Inde Orientale, ne doivent-
elles pas aller du pair avec les
plus eftimées des Anciens,
foit par la beauté du ftyle,
foit par la rareté & le prix de
ce qu'elles contiennent ? L'on

ne fçauroit raifonnablement
nier que trois autres de leurs
hiftoires, des Peres Trigault,
Semedo, & Martinius, ne
nous aient fait connoiftre ce
peu que nous fçavons du
grand Roiaume de la Chine.
Le premier fe fervit des me-
moires de l'excellent Mathe-
maticien Mathieu Riccius
qui eftoit de fon Ordre ; & le
dernier enfuitte de fon *Atlas
Sinenfis* nous a fait voir dans
fa premiere Decade, qui fera fuivie de deux autres,
l'Hiftoire Chronologique des
Chinois prife de leurs propres autheurs, qui la com-
mencent huit cent ans devant
le Deluge de Noë; l'appuyant
fur des Dynafties fuivies, &

qu'ils tiennent tres-certaines.
Que si nous avons ensuitte
l'excellente Morale de ce ce-
lebre Colao ou premier mi-
nistre d'vn si grand Estat, &
si bien policé, quelle obliga-
tion n'aurons-nous point à
ceux qui nous feront vn si
riche present ? Car l'on sçait
qu'il reduisit en quatre volumes toutes les belles sen-
tences des Philosophes qui
l'avoient precedé, achevant
son Ethique par vn cinquiéme livre de ses propres refle-
xions & maximes, qui sert
de Code & de Digeste à tous
les Mandarins, Loytias, ou
Docteurs, qui font subsister
la plus considerable Monar-
chie du monde. Rien ne peut

faire mieux connoiſtre le merite de ce Legiſlateur, que le
reſpect & les honneurs que
toutes les perſonnes de ſon
pays deferent à ceux qui pour
eſtre de ſa race portent le
nom de Confutius ; n'eſtant
pas moins honorez, que dans
toute l'eſtenduë du Maho-
metiſme les hommes qui ont
le privilege de ſe parer du
Turban vert, à cauſe qu'ils
ſe diſent de la lignée de leur
Prophete Mahomet.

Marcvs Bibvlvs.
Vous me donnez vn avant-
gouſt merveilleux d'vne ſi
importante compoſition,
quoique j'aie de la pene à m'i-
maginer que l'eſprit d'vn
Chinois ait plus fait dans la

science des mœurs , que celuy des Grecs & des Ro-
mains qui l'ont si bien culti-
vée , & que nous ne voyons
pas avoir esté devancez par
les Indiens Orientaux dans le
reste soit des arts , soit des
sciences , où les vns & les autres se sont occupez. Mais en
tout cas il y a quelque chose
d'agreable à contempler le
divers Genie des Nations, qui
se peut remarquer non seulement dans la substance de
leurs aphorismes moraux ,
mais encore dans la maniere
figurée, & ordinairement me-
taphorique, dont les Peuples
du Levant les expliquent. Ie
suis mesme ravi parfois ,
quand je vois leurs moindres

façons de vivre, & leurs civi-
litez ordinaires, si differentes des noftres. Les Iavans
croient qu'on ne peut s'ab-
baiffer par refpect ni s'avilir
davantage, qu'en fe couvrant
la tefte, ce qui eft tout-à-fait
oppofé à nos falutations Eu-
ropéennes; quoiqu'il me fou-
vienne affez qu'autrefois les
Romains facrifioient par fub-
miffion la tefte couverte à
leurs Dieux, fi vous en ex-
ceptez Saturne, & l'Hon-
neur. Les Iaponois tiennent
pour vne grande incivilité
de recevoir eftant debout
ceux à qui l'on doit quelque
deference ; ils s'affoient &
déchauffent leurs fouliers
lors qu'ils veulent faire en-

trer chez eux quelqu'vn a-
vec tefmoignage d'eftime ,
ce que j'ai bonne memoire
que vous avez obfervé quelque part. Et les peuples
des Ifles qui font le Deftroit
de Sunda , pour bien compli-
menter leurs fuperieurs , leur
prennent de la main le pied
gauche , & leur frottent doucement la jambe depuis le bas
jufques au genoüil. Que s'il
faloit parcourir tout le Glo-
be de la Terre , & y confide-
rer les vfages particuliers &
prefque toufiours contraires de tant de Nations qui
y vivent chacune à fa mo-
de , vous fçavez mieux que
perfonne de quelle entrepri-
fe je me chargerois ; outre

que faisant cette enumera-
tion à vn homme tel que
vous , ce seroit justement
comme dit Ovide, *frondes ad-
dere sylvis.* Et neanmoins la
lecture recente d'vne histoire
de Barbarie me convie à vous
faire encore souvenir de ce
seul article , qu'au lieu que
selon nous l'habit noir est le
plus ordinaire parmi les hon-
nestes gens , on le fait porter
par mespris aus Iuifs dans
Alger , avec le bonnet de la
mesme couleur.

TVBERTVS OCELLA.
Il est vrai que de semblables
remarques pourroient aller à
l'infini, ce qui procede de ce
que la Nature se plaist à la
varieté, comme elle l'a bien

D v

monſtré dans tous ſes ouvrages , mais ſur tout en ce
qu'elle a mis encore plus de
diſſemblance entre les eſprits
des hommes , par le moien
des organes dont ils ſe ſer-
uent , qu'il n'y en a entre
leurs viſages. D'où l'on peut
conclure en faveur de la Sceptique Chreſtienne , que ſi
l'Egliſe a eu raiſon de con-
damner autrefois ces hereti-
ques qu'elle nomma δοκήτας ,
parce qu'ils mettoient des
articles de la Foi , & meſme
le ſacré myſtere de l'Incarna-
tion, au rang des choſes appa-
rentes ſeulement ; il n'en eſt
pas de meſme dans l'Ethique,
lors qu'elle ſe contente de
conſiderer humainement les

mœurs differentes des personnes, & leurs divers sentimens, qui sont tout autres
non seulement en vn lieu
qu'en vn autre, mais qui va-
rient mesme selon les saisons,
& parfois selon les momens
de leur vie. La Religion de-
termine les choses, & les
rend constantes par l'authorité du Ciel; la science humaine, & sur tout la Morale,
se contente de raisonner, ce
qu'elle fait tres-foiblement,
à cause, comme je viens de
le remarquer, de l'infirmité
des parties que nostre ame
emploie pour cela, qui dé-
pendent de la matiere. Ainsi nostre creance qui vient
d'enhaut doit estre aussi cer-

taine que toutes nos sciences, & toutes nos disciplines
prises au sens que l'eschole
leur donne, sont vacillantes
& incertaines. C'est à quoi
se rapporte ce que Sainct Augustin a prononcé en ces termes, *Quod scimus debemus
rationi, quod credimus autho-
ritati.* Mais puisque le Soleil qui finit sa course, nous
contraint par les ombres qui
sucederont bientost à sa lu-
miere, d'achever nostre car-
riere, comme il fait la sienne,
trouvez bon que nous fassions
quelque reflexion devant
que de nous separer, sur le
neant de cette vie, qui nous
quitte tous les jours sans que
nous nous en appercevions,

comme cette belle journée
s'est passée presque insensiblement, aussi bien que toutes les autres qui l'ont prece-
dée, & celles qui la pourront
suivre, puisque selon le mot
de cet Ancien *vnus dies par
omni est*. En effet nous mourons, à le bien prendre, tous
les jours, *vivere est sæpè mo-
ri*; ou du moins l'on peut dire qu'à proportion de ce que
nous croissons en âge, la vie
decroist ; laissant les années
qui se sont écoulées moins à
nous, quoique nous les nom-
mions nostres, que celles qui
pourront suivre , si tant est
que la Parque nous en accor-
de encore quelqu'vne, dont
le mieux composé des hom-

mes ne peut sans temerité s'asseurer. Certes celuy à qui l'on demanda combien d'an- (Quot annos?) nées il avoit, eut grande raison de respondre qu'il ne pen- soit pas en avoir du tout,

Nullos, quos habeo, Pontice, non habeo.

Vn Espagnol interrogé com- bien il avoit vescu, tesmoi- gna par sa repartie, *poco, y muchos años*, qu'il ne faisoit pas plus de cas que le prece- dent des années passées. Di- Ep. 54. sons encore plus avec Sene- que, c'est vne grande erreur de s'imaginer que nous ne mourons qu'aprés avoir vécu, nous estions morts devant que de naistre, cette mort que nous apprehendons si fort a precedé noſtre vie , & quand elle la ſuivra elle ne fera que prendre le meſme poſte qu'elle tenoit auparavant. Vne chandelle n'eſt pas plus tenebreuſe , ni plus morte, eſtant eſteinte, qu'elle eſtoit devant que d'eſtre allumée. *Erramus quòd mortem iudicamus ſequi , cùm illa & præceſſerit , & ſecutura ſit : quicquid ante nos fuit mors eſt.* Ie ſçai bien que les penſées de ce Philoſophe doivent eſtre adoucies , ou meſme corrigées , autant de fois qu'elles peuvent bleſſer la Religion, ou porter quelque prejudice à la Foi. Ce ſeroit donc vn crime , & vne impieté toute pure, de les citer pour

eſtablir l'extinction totale de
noſtre eſtre. Et il y auroit d'ailleurs beaucoup d'injuſtice ſi
nous imputions là - deſſus à
Seneque vne creance de la
mortalité de noſtre ame , ou
de l'exemtion des penes que
doivent ſouffrir les méchans
aprés leur mort , puiſqu'il les
a ſouvent fait punir dans ſes
eſcrits par le ſevere Iuge des
Enfers qu'on reconnoiſſoit de
ſon tems; & que l'immortalité de nos ames fait vn des
principaux & des plus con-
ſtans articles de ſa philoſo-
phie. Pour peu qu'on en dou-
taſt , ce ſeul endroit d'vne de
ſes lettres , entre vne infinité
d'autres paſſages auſſi exprés,
doit deſabuſer ceux qui au-

roient vne si mauuaise opi-
nion de sa doctrine. *Mors* ^{Ep. 36.}
quam pertimescimus ac recusa-
mus, intermittit vitam non
eripit ; veniet iterum qui nos
in lucem reponat dies. Il faut
prendre des philosophies
Payennes ce qui peut profi-
ter, *vocandæ sunt ancillæ ad*
arcem ; & il faut laisser le reste
en l'improuuant, & en nous
seruant du conseil de l'Apo-
stre, *Omnia probate, quod bo-*
num est tenete. Tant y a qu'il
n'y a rien de plus certain dans
la vie, que de la devoir perdre;
pensée qui ne sçauroit estre
renduë trop familiere par vne
frequente & Chrestienne
meditation, où peut vtilement entrer ce que la Philo-

sophie des Gentils a eu de plus conforme à la raison; & de moins contraire à la pieté.

MARCVS BIBVLVS. Ie crois qu'ils n'ont nulle part plus offensé l'vne & l'autre, que par cette maxime Stoïcienne, que la vie estoit vne pure servitude, s'il n'estoit pas permis de la perdre quand il en prenoit envie; ce qui les portoit à cette *avtochirie* que Virgile semble avoir voulu faire passer pour vne action de personnes innocentes, quoiqu'elle soit selon luy ordinairement suivie de la repentance,

6. Æn. *Proxima deinde tenent mœsti loca, qui sibi lethum*

Insontes peperere manu, vi-
támque perosi
Proiecere animas.

Cependant le crime est si
grand de se défaire soi-mesme, que par raison il passe l'ho-
micide d'vn frere, & mesme
le parricide, puisque personne ne nous peut estre si cher,
ni si proche , que nous nous
sommes. Ils ont eu beau soû-
tenir que les choses volontaires ne devoient pas estre
reputées violentes , & dire
comme a fait vostre Sene-
que , qu'on pouvoit sortir
d'vn corps vieil & incommo-
de , comme d'vne maison
ruïneuse. Cela seroit bon si
cette maison avoit esté faite
de nos mains , & que nous y

fuſſions entrez de nous-meſ-
mes , & avec connoiſſance.
Mais puiſque la choſe ne va
pas ainſi , n'eſt - il pas de l'e-
quité d'en laiſſer faire à celuy qui nous y a placez , &
qui nous a ſeulement preſté
ce domicile. Il n'y a que Dieu
qui puiſſe legitimement re-
ſoudre le bail de cette habi-
ration ; comme luy ſeul & la
Nature la peuvent demolir
mieux que perſonne quand
le tems en eſt venu. Ciceron
s'eſt expliqué en ces termes
de ce ſentiment , qui doit
ſans doutte eſtre preferé à
celuy de Seneque & du Por-
tique. *Vt navem & ædificium
idem deſtruit facillimè , qui
conſtruxit; ſic hominem eadem*

optimè quæ conglutinavit natura diſſolvit. Pour ce qui concerne l'intereſt de la Religion & de la Pieté, vous ſçavez comme l'Egliſe dans vn Concile de Carthage, condamna d'hereſie ces Donatiſtes Ariens, qui faiſant bonne chere avec leurs amis devant que de ſe défaire eux meſmes, comme nous l'apprenons de Theodoret & d'Optatus Milevitain, diſoient que la mort volontaire, ſoit qu'on ſe tuë, ſoit qu'on ſe face tuer, eſtoit meritoire, & mettoient ceux qui ſe precipitoient furieuſement du haut des montagnes au rang des veritables martyrs. Ce n'eſt donc pas ſans ſujet que cette mesme Eglise prive de sepulture ceux qui se sont miserablement donné la mort; puisqu'il n'est pas iuste que ceux qui n'ont pas attendu pour cela l'ordre & le commandement du Pere Eternel, soient receus au giron de la Mere, dont ils se sont rendus indignes selon la pensée de Hegesippe. Condamnons donc ici la philosophie des Payens, leur εὔλογον ἐξαγωγὴν, & leur Pluton *Eubalius*, qui leur conseilloit de finir par vne mort precipitée les malheurs de la vie. Ce n'est pas generosité de s'en priver de la sorte, mais c'est vne grande lascheté de ne les pouvoir souffrir quand ils

nous arrivent. Ie m'empé-
cherai bien de rapporter ici
les exemples de ceux qui fai-
foient vanité d'eſtre leurs
propres bourreaux. Vous les
ſçavez auſſi bien que moi, &
vous ne les condamnez pas
moins auſſi. Mais il s'en pre-
ſente quelques - vns à mon
imagination, que je ne puis
m'empeſcher de vous remet-
tre devant les yeux ſans me
faire violence. Quel motif
plus ridicule & plus extra-
vagant pour ſe donner la
mort, que de le faire afin de
ſervir de patron à d'autres
d'vne action que je nomme-
rois brutale, ſi les brutes n'e-
ſtoient en cela plus judicieu-
ſes & plus raiſonnables que

nous. Helvius Blasio , dit
Dion Cassius, voiant son ami
Decius Brutus qui ne se pouvoit resoudre à devenir l'ho-
micide de soi-mesme, se tua
devant luy pour luy donner
courage. Des femmes mes-
mes sont tombées dans ce
sens depravé , puisque nous
lisons dans le mesme Autheur
comme ¡ Arria „ parente de
Messaline , voulant animer
son mari Petus à terminer
genereusement ses jours de
sa main, se donna devant luy
le premier coup de poignard,
en proferant ensuitte ces paroles à Petus , *viden' puer me
non dolere* , voiez vous mon
mignon comme cette douleur
n'est rien , & que je ne m'en
plains

plains pas. Vn soldat d'Othon
fit à peu prés la mesme chose, quand pour l'asseurer de
l'affection qu'avoient tous
ses compagnons, aussi bien
que luy, à son service, & de
leur resolution à perir si besoin estoit dans ses interests,
ce soldat se plongea le fer
dans la poitrine, & tomba
mort à ses pieds. La vanité d'vn autre soldat de Cesar, nommé Granius Pe-
tronius, fut si folle, qu'aiant
esté pris dans vn vaisseau où
ses ennemis luy offroient
quartier l'asseurant de sa vie;
Non, non, dit-il, en se per-
çant de ses armes, les soldats
de Cesar donnent bien la vie
aus autres, mais ils ne sont

Plu-
tar. in
Oth.

Idem
in
Cæs.

E

jamais si lasches que de la recevoir. Considerez je vous
supplie si l'esprit de l'homme
n'est pas ingenieux à se trom-
per, se procurant par son
mauvais raisonnement la plus
grande partie des malheurs
de la vie jusques à la perdre si
miserablement. Permettez-
moi d'adiouster ce seul mot
sur cela, que je n'ai jamais
leu dans Seneque le genre de
mort d'vn Allemand, qui s'é-
trangla & s'estouffa de la plus
orde façon du monde, sans
souhaitter que ce Philosophe
se fust abstenu de represen-
ter vne si sale action. Il fait
que ce captif estranger se
fourre dans le gosier *lignum*
id quod ad emundanda obscœna

adhærente spongia positum est.
En verité cela forme vne si
vilaine image dans la fantaisie, qu'on a de la pene à s'empescher de rendre gorge , ou
de vomir, en lisant vn tex-
te si peu honneste. Seneque
a beau s'escrier là dessus , *o*
virum fortem ! & adjouster
que *hoc fuit morti contume-*
liam facere ; c'est faire mal au
cœur à tous ses lecteurs , &
pour moi je serois bien fâché
d'avoir traduit en François
vne chose si infame, & si peu
necessaire pour insinuer qu'-
on trouve la mort en tous
lieux, & par toute sorte de
moyens. Pour vous destour-
ner la veuë d'vn si desgoû-
tant object , vous prendrez
E ij

garde, s'il vous plaiſt, que la preſuppoſition de l'immortalité de l'ame, qui pourroit porter à ſe défaire de la vie ſur l'eſperance d'vne meilleure, & pour ſortir des infortunes de celle-ci, n'eſt pas vne cauſe certaine de toutes les morts volontaires dont nous venons de parler; puiſqu'encore aujourd'huy les Chinois dans la creance de la mortalité & de l'aneantiſſement de l'vne & de l'autre partie qui nous compoſent, ne laiſſent pas de ſe tuer eus-meſmes, dequoi l'on peut voir des exemples dans la Relation du Pere Trigault.

TVBERTVS OCELLA.

Voſtre obſervation ne me

furprent nullement , parce
que je fuis perfuadé que fi la
mort avancée par ceux qui fe
la donnent n'eftoit point vn
crime auffi grand que vous
l'avez judicieufement reprefenté, l'on verroit bien plus
de perfonnes perir par ce genre de mort, que par celle que
nous nommons naturelle, &
fouvent la belle mort; quoi
qu'il n'y en ait point, à le
bien prendre, qui ne foit naturelle , ni pas vne auffi qui
foit accompagnée de beauté,
tout s'y trouvant fous vne
forme cadavereufe , plein
d'horreur & d'affreufe repre-
fentation. Car qu'y a-t-il dans
la vie qui nous peuft empé-
cher de l'abandonner , fi la

felicité mesme que les plus heureux y esprouvent , est ordinairement ce qui cause nos disgraces , & qui fournit la matiere à nos plus sensibles déplaisirs. *Omnium calamitatum materia est homo diu felix.* *Nesciunt stare successus , & quoties prodire felicitas non potest, redit.* C'est cette rouë du chariot de Sesostris , dont la partie superieure devale necessairement aprés sa plus grande exaltation. Les planetes de mesme aiant monté au plus haut de leur Epicycle, selon la theorie qu'on nous en a dressée, descendent aussitost, & aprés nous avoir paru vn moment stationaires , ne cessent de decliner vers le

Quin-
til. in
decla.

poinct de leur perigée. Et la
seule contemplation, qu'il n'y
a point de plus feconde sour-
ce de toute forte de mal-
heurs que le bonheur, eft ca-
pable d'infecter de fon amer-
tume ce que la vie peut avoir
de plus doux & de plus char-
mant. Iettons la veuë comme en paffant fur cet homme
qui poffedoit il n'y a que trois
jours tout ce que les honneurs
ont d'éclat, les richeffes d'o-
pulence, & les plaifirs de vo-
luptueux;

Quid voveat dulci nutricula
majus alumno?

Horat.
l. 1. ep.
4.

Cependant en vn clin d'œil
le voilà reduit à la derniere
calamité. Mais tirons le ri-
deau au devant d'vn si trifte

E iiij

tableau ; & quittons vn su-
jet qui peut attirer sur soi
aussi legitimement que tout
autre cet ordinaire reproche,

Cui non dictus Hylas?
Ciceron a fait vn Traitté *de*
finibus bonorum & malorum.
Il eust mieux fait selon la rail-
lerie d'Erasme fondée sur l'e-
quivoque de *Fins*, de se contenter de la fin des maux, &
de nous instruire de l'origine
ou du commencement des
biens. Il n'en eust point
trouvé sans doutte de veritables, que ceux qu'vn homme
sage & vertueux se peut donner à luy - mesme. *Tunc bea-*
tum esse te judica, cùm tibi ex
te gaudium omne nascetur, dit
le grand maistre de la Mora-

le Latine. Si vous ne portez
avecque vous la satisfaction
interieure , vous ne la trouverez nulle part. Tout ce
que donne vne belle naissan-
ce, vne Cour favorable , &
vne bonne fortune , se pert
aisément, & a si peu du soli-
de, que les plus fortunez des
hommes sont ceux qui mé-
prisent tout cela , & qui tour-
nent le dos à la Fortune au
lieu de la rechercher. Tant y
a que cette indépendance, où
le Peripatetisme mesme a
placé son souverain bien
sous le nom d'*avtarchie*, m'est
si pretieuse , que je vous a-
vouë, mon cher B i b v l v s,
n'avoir pris habitude à mes
promenades solitaires , que
E v

pour m'en pouvoir donner la satisfaction sans dépendre de personne. Mais quand je vous ai parlé d'vn homme sage & vertueux, ne pensez pas que j'aie la moindre pretention sur ces hautes & divines qualitez. Ie connois mes defauts en particulier, & je sçai qu'en general ils sont de l'appanage de nostre nature corrompuë, de sorte qu'il y en aura aussi longtemps que durera le genre humain, *vitia erunt donec homines.* Dieu me preserve de cette creance Payenne qu'explique Isocrate dans son Panathenaïque, μηδὲ τοὺς θεοὺς ἀναμαρτήτους εἶναι, que les Dieux mesmes ne sont pas exemts de pecher. Nous sommes obligez pourtant de croire que le plus noble des Anges fut le premier qui faillit ; ce qui rend moins estrange, quoiqu'il n'excuse nullement nostre depravation. Ne laissons pas avec tout cela de nous éloigner du vice , & si nous ne pouvons estre absolument vertueux, d'approcher le plus prés de ce but qu'il nous sera possible. Ie n'ignore pas que ceux qui parlent le plus des Vertus, ne sont pas ceux qui les cultivent le mieux. Ils se contentent souvent de les definir, & de les mettre en belle tablature , sans beaucoup se soucier de les prattiquer ensuitte ; *plerique virtutes loquendo*

deſcribunt, vivendo deſtituunt.
De là vient que chacun coule
ſes jours le plus caché qu'il
peut dans ſa maiſon; que nous
en faiſons boucher ſoigneuſe-
ment toutes les veuës eſtran-
geres; & qu'on a des portiers
exprés pour n'y laiſſer entrer
perſonne qui nous y puiſſe
ſurprendre, ou qui puiſſe entrer en quelque connoiſſance
de ce qui s'y paſſe; *Vix quem-*
quam invenies qui poſſit aperto
oſtio vivere: Ianitores conſcien-
tia noſtra, non ſuperbia oppo-
ſuit. Si neanmoins les ſeules
Vertus Morales, comme contraires au vice, ſont ſi eſti-
mables, que tout le Monde
a l'ambition d'eſtre creu les
poſſeder ; quel cas ne devons

nous point faire des Vertus
Chreſtiennes, qui ne ſont pas
de ſimples habitudes de nô-
tre volonté, qui la portent à
ſuivre la raiſon, avec quelque dépendance du tempe-
rament ſelon la doctrine
d'Hippocrate & de Galien ;
mais qui ſont des habitudes
ſurnaturelles, qui nous faiſant agir nous rendent agrea-
bles à Dieu, & nous font par
là dignes de l'Eternité. En verité puiſque ces dernieres dé-
pendent abſolument de luy,
nous ne ſçaurions les luy demander avec trop d'inſtance,
ni trop nous efforcer pour obtenir de ſa Grace ce don du
Ciel.

MARCVS BIBVLVS. Quand

je ne me verrois point aus
portes de Paris, je reconnoi-
ſtrois par voſtre Peroraiſon
que vous voudriez terminer
noſtre converſation avec nô-
tre promenade. I'y conſens
par force, puiſque le bruit
& le tracas de cette tumul-
tueuſe ville où nous entrons,
ne permettent pas, que ſoit à
pied, ſoit en caroſſe, l'on s'en-
tretienne commodément.
Mais je vous prie de vous
ſouvenir de cette promenade, quand vous ſerez dans le
repos de voſtre cabinet; ſinon,
vous m'obligerez à faire moi
meſme ce que vous m'aurez
refuſé d'executer beaucoup
mieux. Vous voyez bien ce
que je veus dire, & trouvez

bon que je vous declare ma pensée là dessus devant que nous nous separions. C'est que nous ne pouvons mieux finir vous & moi, veu ce qui nous a divertis toute noftre vie, qu'en mourant la plume à la main, comme le foldat l'épée au poing, le Pilote tenant le timon, & l'Orateur en difcourant. Nous avons des exemples recens du dernier : mais il vaut mieux que les beaux vers de Serenus Sammonicus vous en fourniffent vn plus ancien, & par là moins fujet à eftre mal interpreté.

L. de Medic.

-- Sic eſt Hortenſius olim
Abſumptus, cauſis etenim
confectus agendis,

Obticuit , cùm vox domino
vivente periret ,
Et nondum extincti morere-
tur lingua diserti.

I'espere d'obtenir de vous à
ma descharge la demande
que je vous ai faitte, & , puisque nostre amitié me permet
de parler ainsi , je le desire
absolument.

TVBERTVS OCELLA.
Est-il possible que vous soiez
encore dans la vehemence
des desirs, qui ne me semble
excusable qu'en ceux que
l'ardeur de la jeunesse domi-
ne ? Ie vois bien que vous
n'avez pas gravé dans vostre
memoire , comme j'ai fait il
y a longtemps dans la mien-
ne , cette notable sentence

du Medecin Iulius Aufonius Vafatenfis pere du Poëte Bordelois ; que noftre plus grande felicité ne dépent pas d'obtenir ce que nous defirons, mais bien pluftoft de ne defirer jamais trop fortement ce que nous n'avons pas. I'adjoufte avec liberté à vn ami de l'âge dont vous eftes, que ceux qui vous reffemblent dans leur arriere-faifon, n'ont pas moins befoin de la mort pour terminer leurs defirs, que pour finir leur vie. Reprefentez-vous le Prefident Briffon, qui conjura fes infames bourreaux de luy donner le tems d'achever vn livre qu'il fouhaittoit de donner au public.

Thuan. hift. l.

La Parque ne nous fera pas plus favorable à tous dans de semblables defirs, que la Ligue le fut à ce fçavant homme; ce qui nous oblige ou à les retrancher, ou à les avoir beaucoup plus moderez. A-prés cela neanmoins je vous affeurerai, qu'il n'y a rien de ce qui me fera poffible que je ne face pour vous complaire, & où je ne me porte avec la diligence que demande le Mime de Laberius,

Etiam celeritas in defiderio mora eft.

Mais tout de bon, n'avons nous pas, vous & moi, affez noirci de papier blanc, pour demeurer au moins fatisfaits d'vn exercice dont nous de-

vrions raifonnablement eftre
las. Si nous voulons eftre vti-
les aus autres, il eft tems que
ce foit par l'exemple,& par de
bonnes actions, pluftoft que
par de fimples paroles, ou
par des efcrits, qui le plus
fouvent ne perfuadent pas;
felicißima eft operis eloquentia.
Il eft vrai que je dois faire
grande diftinction entre vous
& moi. Outre que mes an-
nées plus nombreufes que
les voftres, m'ont auffi rendu
beaucoup plus caduc, que
vous ne l'eftes, vous avez fçeu,
auffi bien que perfonne de ce
tems, mefnager vtilement les
heures de voftre loifir, &
faire à propos ce que le fage
Chilon trouvoit eftre la cho-

se du monde la plus diffici-
le, σχολὴν εὐδιαθέσθαι, *otium
rectè dispensare.* Pour moi
qui n'en peus pas dire autant,
& qui n'ai presque jamais agi
qu'en consultant ma propre
satisfaction, n'est-il pas tems
que je considere avec atten-
tion comme Dieu qui s'est
contenté de la dixiesme partie de nos biens, exige de
nous la septiesme de nostre
tems? Ie puis encore adjoû-
ter, & mesme à ma confu-
sion, que j'ai esté si excessif
dans l'exercice auquel vous
me provoquez de nouveau,
que vous n'avez pas peut-
estre en cela toute la charité
pour moi, que je devrois at-
tendre de vostre amitié. Si

nous eſtions encore au tems qu'on bruſloit les corps, au lieu de les enterrer; je penſe qu'il ſe trouveroit aſſez de mes paperaſſes, dont le public n'a eu que trop de communication, pour me rendre le meſme office que receut autrefois ce Caſſius d'Horace, L. I. ſat. 10.

   -- *capſis quem fama eſt eſſe librisque*
   Ambuſtum propriis.

Ie me conſtituë neanmoins envers vous pour eſclave de la parole que je vous ai donnée, (puiſque cette façon de parler eſt de miſe aujourd'huy) d'vſer de complaiſance en voſtre endroit, à la charge que ſans trouver à re-

dire , comme vous avez fait
d'abord, à mes promenades
folitaires, vous vous conten-
terez de les venir efgaier par
voftre agreable prefence. Ie
vous y affigne au premier
iour. A Dieu.

F I N.